W0252110

Sabine Lüning

Jeder kann Cake Pops backen!

Janine Kromminga · Claudia Potgeter · Ulli Hartmann

Inhalt

Inhalt

Vorwort

Sind sie da, sind sie weg!

CakePops sind zurzeit in aller Munde – und das nicht nur, weil sie so lecker sind. Sie sehen auch noch umwerfend aus und sind auf jeder Party der Hingucker.

Und dabei sind CakePops doch so einfach zuzubereiten. Mit der richtigen Ausstattung entstehen im Nu viele kleine, köstliche Kuchenlollis, die Groß und Klein begeistern.

Dank einer großen Vielfalt an Formen, Verzierungen und Rezeptvariationen wird das Backen von CakePops nie langweilig. So können Kugeln oder Figuren gebacken, aus Bröselmasse geformt oder ausgestochen werden.

Die abwechslungsreichen Geschmackserlebnisse machen Lust auf mehr: Limetten-Lolli, Kokos-Kuss, Lebkuchenstern oder Honigbär – von edel bis witzig ist für jeden Anlass etwas dabei.

Zu Beginn dieses Buches finden Sie Rezepte für CakePop Grundteige in verschiedenen Geschmacksrichtungen, eine Anleitung zur Zubereitung der Bröselmasse sowie Tipps und Infos zum Überziehen, Verzieren und stilvollen Verpacken.

Und dann kann's losgehen: Ob Sie nun gebackene CakePops oder CakePops aus Bröselmasse machen wollen – bei der Vielzahl an Rezepten finden Sie immer wieder neue, tolle Ideen.

Abkürzungen

TL	Teelöffel
EL	Esslöffel
gestr.	gestrichen
Msp.	Messerspitze

Schwierigkeitsgrad

	ganz einfach
	halb so wild
	mit Übung machbar

Grundteige

Ein Grundteigrezept ist ausreichend für 20 gebackene CakePops im CakePop Baker oder je nach Rezept für 10 – 15 CakePops aus Bröselmasse.

Schokokuchen

- 60 g Weizenmehl
- 15 g Speisestärke
- 15 g Kakaopulver
- 1 gestr. TL Backpulver
- 60 g Zucker
- 60 g Butter oder Margarine
- 2 Eier (Größe M)

Nusskuchen

- 40 g Weizenmehl
- 20 g Speisestärke
- 1 gestr. TL Backpulver
- 60 g Zucker
- 40 g gemahlene Haselnusskerne oder Mandeln
- 50 g Butter oder Margarine
- 2 Eier (Größe M)

Zitronen- oder Vanillekuchen

- 70 g Weizenmehl
- 20 g Speisestärke
- 1 gestr. TL Backpulver
- 60 g Zucker
- 60 g Butter oder Margarine
- 2 Eier (Größe M)
- abgeriebene Schale von 1 Zitrone oder ausgekratztes Mark von 1 Vanilleschote

Tipps

In vielen CakePop Rezepten finden Sie Hinweise auf weitere Variationen des Grundteigs.

Die gebackenen Kugeln oder die Kuchen für die Bröselmasse lassen sich sehr gut zum Vorbereiten einfrieren.

Grundteige

Zubereitung

1 Den Backofen auf 170 °C (Umluft) oder 190 °C (Ober-/Unterhitze) vorheizen.

2 Für den Teig die trockenen Zutaten (Mehl, Speisestärke, Backpulver, Zucker, Kakaopulver, Nüsse) in einer Rührschüssel vermischen.

3 Restliche Zutaten hinzufügen und alles mit den Rührbesen des Handrührers erst kurz auf niedrigster Stufe, dann etwa eine Minute auf höchster Stufe zu einem glatten Teig verrühren.

Für gebackene CakePops

4 Den Teig mit einem Spritzbeutel oder mithilfe von zwei Teelöffeln in die lochfreie Hälfte des CakePop Bakers füllen und gleichmäßig auf die Mulden verteilen. Die obere Hälfte des CakePop Bakers auflegen, gut verschließen und auf dem Rost in den vorgeheizten Backofen stellen (mittlere Schiene).

5 Die Backzeit für den Baker beträgt etwa 15 Minuten.

6 Den CakePop Baker nach dem Backen auf ein Auskühlgitter stellen und den Deckel abnehmen. Kugeln etwa 5 Minuten in der Form abkühlen lassen, dann das Gebäck auf das Auskühlgitter stürzen und vollständig erkalten lassen.

Für CakePops aus Bröselmasse

4 Den Teig in eine gefettete und gemehlte Kastenform (25 × 11 cm) füllen. Teig glatt streichen und die Form auf dem Rost in den vorgeheizten Backofen stellen.

5 Die Backzeit beträgt etwa 18 Minuten.

6 Die Form nach dem Backen auf ein Auskühlgitter stellen und den Kuchen etwa 10 Minuten abkühlen lassen. Dann den Kuchen auf das Auskühlgitter stürzen und vollständig erkalten lassen.
Tipp: Wenn Sie den Kuchen bereits am Vortag backen, kann er sich noch besser festigen).

Außerdem

Beim Rezept „Törtchen“ (Seite 24) wird der Grundteig in einer Silikon-Backform gebacken. Damit der Teig nicht über den Rand backt, wird die Silikon-Backform nur gut zur Hälfte mit Teig gefüllt. Anschließend wird die Form bei der oben angegebenen Backtemperatur etwa 10 Minuten gebacken.

Bröselmasse

Bröselmasse zubereiten

Den Kuchen in eine Rührschüssel oder einen Rührbecher bröseln und die weiteren im Rezept angegeben Zutaten wie z. B. Konfitüre, Frischkäse, Honig oder Schokolade hinzufügen und alles mit den Rührbesen des Handrührgerätes auf mittlerer Stufe kurz zu einer formbaren Bröselmasse verrühren.

Die Konsistenz der Bröselmasse hängt davon ab, wie stark der Kuchen ausgebacken ist und wie er gelagert wurde. Ist die gerührte Bröselmasse nicht feucht genug, können die Kugeln nach dem Formen oder beim Überziehen zerkrümeln. Ist die Bröselmasse zu weich, können die Kugeln ihre runde Form nicht halten und fallen beim anschließenden Überziehen vom Stiel.

Deshalb im Zweifel zur Probe etwas Bröselmasse mit den Händen zu einer Kugel formen und leicht andrücken. Ist die Masse zu trocken und die Kugel zerbricht, kann zusätzlich noch ein wenig von der im Rezept genannten Zutat hinzugefügt werden. Ist die Masse zu feucht und die Kugel behält nicht die Form, können zum Trocknen noch ein paar feine Brösel, z. B. von Fertigkuchen oder Keksen hinzugefügt werden.

Kugeln einfach und schnell mit dem CakePop Maker zubereiten

Die fertige Bröselmasse in den CakePop Maker drücken. Dann die Form gut verschließen und überstehende Bröselmasse entfernen. Anschließend die Form wieder öffnen und die geformten Kugeln entnehmen.

Alternativ Kugeln mit den Händen formen

Je Kugel 30 g Bröselmasse auf einer digitalen Küchenwaage abwiegen und die Masse in den Handflächen zu Kugeln formen. Dabei darauf achten, dass keine Risse entstehen.

Die CakePop Kugeln auf einem mit Backpapier ausgelegten Teller etwa eine Stunde in den Kühlschrank stellen. Gut geeignet als „Kühlbehälter" für die Kugeln sind auch die Ober- oder Unterseite des CakePop Bakers.

Bröselmasse

Ausgestochene CakePops

Die Bröselmasse auf einem mit Backpapier belegten Schneidbrett fest zu einer 1,5 cm dicken Platte formen. Die Platte etwa zwei Stunden in den Kühlschrank stellen.

Anschließend beliebige Figuren aus der Platte ausstechen.

Gut geeignet sind Ausstechformen, die keine spitzen Winkel und Engstellen haben, damit sich die Figur unversehrt aus der Form drücken lässt.

CakePops aus Silikon-Pralinenformen

Die Bröselmasse muss hierfür weicher sein als für die Kugel- oder Austechmasse, damit sie sich gut an die Oberfläche der Silikonform anpassen kann und die Figur nach dem Herausdrücken gut erkennbar ist.

Am besten lässt sich die Bröselmasse mit einem Teelöffel in die Silikonform füllen. Dann die Form mehrfach auf die Arbeitsfläche klopfen, damit Luftlöcher aus der Bröselmasse entweichen können. Die Masse eventuell noch leicht andrücken und die Form für etwa zwei Stunden in den Kühlschrank stellen (oder eine Stunde in das Gefrierfach). Anschließend die Figuren vorsichtig aus der Form drücken. Sind die Figuren gefroren, müssen sie vor dem Überziehen erst wieder auf Kühlschranktemperatur gebracht werden, da die Glasur sonst reißt.

Tipp

Alle Kugeln und Formen aus Bröselmasse lassen sich sehr gut vorbereiten und einfrieren.

Überziehen der CakePops

CakePops können mit handelsüblicher Kuvertüre oder mit Glasurlinsen, die es in vielen Farben zum beliebigen Kombinieren gibt, überzogen werden.

Glasurlinsen bestehen hauptsächlich aus Pflanzenfett und Zucker. Sie werden im Wasserbad bei schwacher Hitze oder in der Mikrowelle bei geringer Wattzahl unter gelegentlichem Rühren aufgelöst. Wichtig ist, dass sie nicht zu heiß werden oder Wasser hineingelangt.

Die Glasur hat die richtige Konsistenz, wenn sie dickflüssig vom Löffel läuft. Sollte sie zu dick sein, kann etwas Kokosfett hinzugefügt und die Glasur nochmals erwärmt werden.

Geeignet zum Auflösen sind hohe wärmestabile Gefäße wie Gläser, feste Kunststoffbecher oder geleerte Marmeladengläser. Diese haben den Vorteil, dass sie nach Gebrauch der Glasur verschlossen und bis zur Wiederverwendung aufbewahrt werden können.

Auch die Kuvertüre wird wie die Glasurlinsen aufgelöst. Nach dem Erwärmen am besten ein paar klein gehackte oder geraspelte Stückchen Kuvertüre unter die bereits aufgelöste Kuvertüre rühren und nochmals ganz kurz erwärmen. So wird sie nach dem Überziehen schneller fest und glänzt schön.

Die Menge der benötigten Glasurlinsen bzw. Kuvertüre richtet sich nach dem Gefäß, in dem die CakePops überzogen werden. Glasur oder Kuvertüre sollten so hoch im Gefäß stehen, dass man die CakePop Kugeln vollständig darin eintauchen kann.

Tipp

Die CakePop Kugeln einige Zeit vor dem Überziehen aus dem Kühlschrank nehmen, damit sie nicht zu kalt sind. Sonst droht der Überzug nach dem Festwerden zu reißen.

Überziehen der CakePops

Das Stielende eines Lolli-Sticks ca. 3 cm tief in die aufgelöste Kuvertüre oder Glasur tunken und vorsichtig in die Kugel oder Figur stecken. Anschließend Kuvertüre oder Glasur fest werden lassen, evtl. an einen kühlen Ort stellen.

Die Kugel oder Figur in die Kuvertüre oder Glasur tunken. Dabei darauf achten, dass der Überzug bis an den Stiel reicht und den CakePop komplett umschließt.

Die Kugel oder Figur wieder herausnehmen und unter Drehen vorsichtig mit dem Stiel auf den Gefäßrand klopfen, damit überschüssiger Überzug abtropfen kann.

Den CakePop mit dem Stiel nach unten zum Verzieren oder Festwerden in ein hohes Gefäß stellen oder auf einen Styropor- oder Steckschaumblock stecken.

Da Kuvertüre in der Regel langsamer fest wird als die Glasurlinsen, können die frisch überzogenen CakePops einfach an einen trockenen, kühlen Ort (in den Keller, den Vorratsraum oder bei kühlen Temperaturen nach draußen) gestellt werden – jedoch nicht in den Kühlschrank, denn dort wird der Überzug durch die Feuchtigkeit unansehnlich.

Dies gilt auch für die Aufbewahrung der fertig verzierten CakePops, die – abhängig von der Füllung – kühl und trocken gelagert zwei bis vier Tage haltbar sind.

Tipp

Styropor- oder Steckschaumblock sehen schöner aus, wenn sie vorher in Alufolie oder weiche Servietten eingewickelt werden. Derart geschmückt machen sie sich sogar sehr gut auf Buffets.

Verzieren der CakePops

Übung macht bekanntlich den Meister – und so kann aus einem CakePop im Handumdrehen ein beeindruckendes Meisterwerk entstehen. Achten Sie nur darauf, die ohnehin schon formschönen und interessanten CakePops nicht zu überladen. Wenn folgende Hinweise beherzigt werden, sind der Kreativität keine Grenzen gesetzt.

Die CakePops werden je nach Rezept entweder sofort mit Zuckerdekor verziert, sobald der noch weiche Überzug nicht mehr tropft. Oder man lässt den Überzug erst fest werden und dekoriert ihn danach.

Oft kommen in den Rezepten Spritz-Dekorationen für Augen oder feine Fäden vor. Dafür benötigen Sie die aufgelöste Glasur oder Kuvertüre. Für Augen ist Glasur oder Kuvertüre geeignet, die bereits etwas abgekühlt und damit dickflüssiger ist. So lassen sich kleine Kugeln spritzen, die nicht verlaufen. Dies gilt auch für andere Verzierungen, die nicht verlaufen sollen, wie Münder oder Spiralen.

Tipp

Ein kleiner Gefrierbeutel eignet sich gut als Spritzbeutel, wenn man etwas Glasur einfüllt und dann eine sehr kleine Ecke abschneidet.

Verzieren der CakePops

Fäden oder Streifen kann man ganz einfach mit einem Teelöffel und mit warmer, dünnflüssiger Glasur oder Kuvertüre herstellen. Dazu etwas Glasur oder Kuvertüre auf den Löffel nehmen und diesen nach unten haltend schnell über den CakePops hin und her ziehen.

Tipp

Es ist hilfreich, die Dekorationen vorher kurz auf einem Backpapier zu üben.

Wichtig ist, alle Materialien und Zutaten zum Dekorieren schon vor dem Überziehen der Kugeln bereitzulegen. Geben Sie dazu Zuckerdekore, Nüsse o. ä. in Schälchen oder auf Teller, damit sie griffbereit sind, wenn sie benötigt werden. Ansonsten kann es passieren, dass die Glasur fest wird und die Dekoration nicht mehr hält.

Präsentieren & Verschenken

CakePops eignen sich durch ihre Form perfekt für eine gelungene Präsentation auf dem Party-, Hochzeits- oder Kuchenbuffet. Dies kann durch ein paar kleine Hilfsmittel noch unterstrichen werden.

Die Mini-Muffinpapiere im liebevollen Design lassen CakePops angemessen auf dem Kopf stehen.

In der CakePop Box sind gleich mehrere Kuchenlollis perfekt in Szene gesetzt und gleichzeitig gut für den Transport geschützt.

Zellglasbeutel mit Schleife und Schildchen sind die stilvolle Verpackung für das besondere Mitbringsel.

Zusammen mit anderem Gebäck haben die CakePops auf einer Etagere einen gelungenen Auftritt.

Dennis
Anna

My little Bakery

Lebensmittelfarbe

Fröhlich bunt verziert und ausdekoriert verzaubern CakePops jedermann. Werden sie z. B. mit Lebensmittelfarbe eingefärbt so entstehen kleine dekorative Kunstwerke mit Sti(e)l. Hochergiebige, pulverförmige Lebensmittelfarben in vielen fröhlichen Farben. Die Farben sind untereinander mischbar und frei von Allergenen, Eiweißen und Fetten. Sie sind back- und kochfest und färben auch mühelos CakeMelts, Puderzucker, weiße Kuvertüre und sogar Marzipan, Sahnedesserts, Cremes, Süßwaren und Cocktails ein.

CakeMelts

Cake Melts sind feinste Schmelzdrops und eignen sich ideal zum einfachen glasieren von Cake Pops, Kuchen, Pralinen und anderem Gebäck. Sie sind einfach in der Handhabung, lassen sich in der Mikrowelle oder im Wasserbad schmelzen, kleckern nicht, trocknen schnell und garantieren ein gleichmäßiges und streifenfreies Ergebnis. CakeMelts sind in einer großen Farbauswahl erhältlich. Sie sind mit Vanillearoma versehen und untereinander oder mit Lebensmittelfarbe mischbar.

CakePop Maker

Mit dem CakePop Maker formen Sie köstliche Kuchen mit Sti(e)l. Ganz einfach die CakePop-Masse zu 6 perfekt gleichmäßigen Kugeln formen – wie vom Konditor! Mit 12 Sticks, leckeren Rezept- und Verzierungsvorschlägen. Selbstverständlich aus lebensmittelechtem Silikon und spülmaschinengeeignet.

CakePop Baker

Mit dem CakePop Baker backen Sie gleichzeitig 20 formschöne, gleichmäßige Kugeln – wie vom Konditor! Mit leckeren Rezepten, Verzierungsvorschlägen und 20 Lolli- Sticks. Der CakePop Baker ist aus lebensmittelechtem Silikon und somit zum Backen und Frosten geeignet. Dank der guten Antihaftwirkung lösen sich die Pops problemlos aus der Form. Und zum Schluss – ab in die Spülmaschine!

Lolli-Sticks

Das Küchlein am Stiel bieten den CakePops den gebührenden Auftritt. 48 Lolli-Sticks aus umweltfreundlichem Papier – elbstverständlich frei von Kleb- und Farbstoffen.

Zucker-Dekore

CakePops passen sich Ihrem individuellen Anlass an:
Ob klassisch und dezent, extravagant und schrill oder niedlich und putzig. Mit den verschiedensten Zuckerperlen bekommt jeder CakePop seine eigene Note.

My little Bakery – Zucker-Dekor-Mix in den Farben pink, lila und grün.
Zuckerherzen und Nonpareilles – in den Farben weiß und rot.
Glück – rote Herzen und grüne Kleeblätter.
Herzen – in lila und pink.
Brombeer – Zucker-Dekor-Mix in den Farben silber, brombeer und violett.
Winterzauber – weihnachtlicher Zucker-Dekor-Mix aus Zuckerherzen und Nonpareilles und Glitzersternchen – in braun, bronze und gold.

Rosalies & Trüffels Trösterchen

Mit dieser sausüßen Form lassen sich kinderleicht 9 kleine Schweinchen am Stiel zaubern. Auch sehr gut geeignet für Pralinen, Gebäck und Desserts. Form aus lebensmittelechtem Silikon, zum einfachen Herauslösen aus der Form. Natürlich spülmaschinengeeignet.

Happy Birthday

Die perfekte Happy Birthday Torte – mit Stiel! Für 15 kleine Geburtstags-CakePops. Form aus lebensmittelechtem Silikon, zum einfachen herauslösen aus der Form. Geeignet zum Backen und Frosten. Natürlich spülmaschinengeeignet.

Diese und noch viele weitere kreative und ausgefallene Back- und Geschenkideen finden Sie unter www.birkmann.de

Herzzeit

Herz-Kirsche

Fruchtig-süße Verführung

Zutaten

BRÖSELMASSE

Grundteig
Vanillekuchen

Außerdem
75 g Frischkäse
75 g passierte Kirschkonfitüre

Form
CakePop Maker

Überzug
weiße Kuvertüre
oder weiße CakeMelts

rote und weiße CakeMelts
(rosa)

Deko
rote und weiße CakeMelts
(für rosa und weiß)
rote Dekorzucker-Herzen
Mini-Muffinpapiere

1. Kuchen in eine Rührschüssel bröseln. Frischkäse und Konfitüre hinzufügen und alles mit den Rührbesen des Handrührgerätes zu einer formbaren Bröselmasse verrühren.
2. Mit dem CakePop Maker Kugeln zubereiten. Die Kugeln etwa eine Stunde in den Kühlschrank stellen.
3. Zum Überziehen die Stiele leicht in die aufgelöste Kuvertüre oder Glasur tunken und vorsichtig in die Kugeln stecken. Die Kuvertüre oder Glasur fest werden lassen.
4. Die Hälfte der Kugeln rosa, die andere weiß überziehen und auf dem Kopf auf Backpapier stellen. Wenn die Glasur fest geworden ist, die rosa CakePops mit weißer bzw. die weißen CakePops mit aufgelöster rosa Glasur in feinen, überlappenden Streifen besprenkeln. Sofort einige Herzen auflegen und die Glasur fest werden lassen.
5. Anschließend die CakePops in Mini-Muffinpapiere stellen.

Dreierlei Herzen

Buntes Dreigespann zum Vernaschen

Zutaten

BRÖSELMASSE

Grundteig
½ Vanillekuchen

Außerdem
50 g weiße Kuvertüre
25 g Sahne
25 g passierte Kirschkonfitüre

Form
Silikon-Pralinenform Herzen

Überzug
weiße Kuvertüre
lila CakeMelts
orangene CakeMelts

1 Weiße Kuvertüre mit Sahne erwärmen und auflösen. Die Mischung gut verrühren.

2 Kuchen in eine Rührschüssel bröseln. Kuvertüremischung und Konfitüre hinzufügen und alles mit den Rührbesen des Handrührgerätes zu einer sehr weichen Bröselmasse verrühren.

3 Die Masse in die Pralinenform füllen und festdrücken. Die Form etwa zwei Stunden in den Kühlschrank stellen. Anschließend die Herzen vorsichtig herausdrücken.

4 Zum Überziehen die Stiele leicht in die aufgelöste Kuvertüre oder Glasur tunken und behutsam in die Herzen stecken. Kuvertüre oder Glasur fest werden lassen.

5 Einige Herzen mit weißer Kuvertüre, andere lila oder orange überziehen.

Dekotipp

Unterhalb der Herzen kleine, schmale Stoffschleifen an die Stiele binden.

Törtchen

Klein, aber fein

Zutaten

GEBÄCK

Grundteig
Vanillekuchen
oder Zitronenkuchen

Form
Silikonbackform
Happy Birthday

Überzug
weiße CakeMelts
rote CakeMelts

Deko
große Zuckerperlen
(silber, gold, perlmutt)
kleine Zuckerperlen
(rosa, gold/perlmutt)
Zuckerdekor-Herzen

1. Törtchen nach dem Grundrezept in der Silikonbackform backen und auskühlen lassen. Anschließend den Boden jedes Törtchens mit einem scharfen Messer gerade schneiden.
2. Zum Überziehen die Stiele leicht in die aufgelöste weiße oder rosa Glasur (aus weißen und roten CakeMelts) tunken und in die Gebäcktörtchen stecken. Glasur fest werden lassen. Anschließend die Törtchen weiß oder rosa überziehen.
3. Sofort die Törtchen mit den Zuckerperlen und Herzen verzieren. Die Glasur fest werden lassen.

Tipp

Lust auf mehr? Versuchen Sie andere Silikonbackformen wie Millefleur (verschiedene Blumen), Primavera (Bienen, Schmetterlinge und Käfer) oder Petite Fortune (Glücksklee und Pilze)

Cassis-Kugel

Mit Alkohol

Zutaten

BRÖSELMASSE

Grundteig
Vanillekuchen
oder Zitronenkuchen

Außerdem
90 g Cassislikör
75 g passierte schwarze Johannisbeerkonfitüre

Form
CakePop Maker

Überzug
lila CakeMelts

Deko
Zartbitterkuvertüre
kleine lila/rosa Zuckerperlen
(oder rosa/lila Zucker)

1. Kuchen in eine Rührschüssel bröseln. Likör und Konfitüre hinzufügen und alles mit den Rührbesen des Handrührgerätes zu einer formbaren Bröselmasse verrühren.
2. Mit dem CakePop Maker Kugeln zubereiten. Die Kugeln etwa eine Stunde in den Kühlschrank stellen.
3. Zum Überziehen die Stiele leicht in die aufgelöste Glasur tunken und vorsichtig in die Kugeln stecken. Die Glasur fest werden lassen.
4. Die Kugeln überziehen. Wenn die Glasur fest geworden ist, aufgelöste Zartbitterkuvertüre darüber sprenkeln und diese sofort mit Zuckerperlen bestreuen.

Dekotipp

Noch etwas edler? Bestreuen Sie die gesprenkelte Kuvertüre mit kleinen Zuckerperlen in gold und perlmutt. Geübte können auch die Deko der Himbeer-Vanille-Happen von Seite 68/69 übernehmen.

Marmorherz

Für Herzensbrecher

Zutaten

BRÖSELMASSE

Grundteig
Schokokuchen
oder Nusskuchen

Außerdem
140 g Nuss-Nougat
70 g Mascarpone

Form
Ausstechformen Herz
(2–4 cm)

Überzug
rote CakeMelts
weiße Kuvertüre
oder weiße CakeMelts

1 Nuss-Nougat leicht erwärmen. Kuchen in eine Rührschüssel bröseln. Warmen Nuss-Nougat und Mascarpone hinzufügen und alles mit den Rührbesen des Handrührgerätes zu einer formbaren Bröselmasse verrühren.

2 Die Masse auf einem mit Backpapier belegten Schneidbrett zu einer 1 ½ cm dicken Platte formen. Die Platte etwa zwei Stunden in den Kühlschrank stellen.

3 Anschließend Herzen aus der Platte ausstechen und vorsichtig aus der Form drücken.

4 Zum Überziehen die Stiele leicht in die aufgelöste Glasur tunken und behutsam in die Herzen stecken. Glasur fest werden lassen.

5 Die Herzen mit roter Glasur überziehen. Sofort mit einem Teelöffel einige Tropfen oder Streifen aufgelöster weißer Glasur auf die rote geben und diese evtl. leicht mit einem Holzstab oder einer Gabel mit der roten Glasur vermischen. Glasur fest werden lassen.

Kinderzeit

Clown

Der Partyhit

Zutaten

GEBÄCKKUGELN

Grundteig
Vanillekuchen
oder Zitronenkuchen

Form
CakePop Baker

Überzug
weiße CakeMelts

Deko
etwa 50 g Marzipan
(Haare und Mund)
1 geh. TL Puderzucker
je 1–2 Msp. rotes und orangenes Lebensmittelfarbpulver
rote Zuckerdekor-Kugel (Nase)
Zartbitterkuvertüre (Augen und Mund)

1 Kugeln nach dem Grundrezept mit dem CakePop Baker backen.

2 Marzipan gut mit Puderzucker und Farbpulver verkneten, so dass eine kräftig orange-rote Farbe entsteht. Das gefärbte Marzipan portionsweise durch eine Knoblauchpresse drücken und mit einem scharfen Messer abschneiden. Die Haare in Portionen auf einen Teller legen. Einzelne Haare für den Mund beiseite legen und halbrund formen. Die portionierten Haare vorsichtig zu Büscheln drücken.

3 Zum Überziehen die Stiele leicht in die aufgelöste Glasur tunken und in die Gebäckkugeln stecken. Glasur fest werden lassen. Anschließend die Kugeln überziehen. Nach jedem Überzug sofort die Haare auf der Kugel platzieren, dabei die Glatze frei lassen. Ebenfalls sofort die Zuckerdekorkugel als Nase und den Marzipanmund auflegen. Die Glasur fest werden lassen.

4 Die Augenkreuze und den Mund mit aufgelöster Zartbitterkuvertüre aufspritzen.

Dekotipp

Aus buntem Geschenkpapier eine Fliege basteln. Dazu Papier quadratisch schneiden, in Streifen falten und in der Mitte zusammenbinden. Dann die Fliege an den Stiel binden.

Frosch

Durch und durch grün

Zutaten

BRÖSELMASSE

Grundteig
Zitronenkuchen

Außerdem
75 g Waldmeistersirup

Form
CakePop Maker

Überzug
grüne CakeMelts

Deko
weiße CakeMelts (Augen)
Zartbitterkuvertüre
(Pupillen/Mund)

1 Kuchen in eine Rührschüssel bröseln. Sirup hinzufügen und alles mit den Rührbesen des Handrührgerätes zu einer formbaren Bröselmasse verrühren.

2 Mit dem CakePop Maker Kugeln zubereiten. Die Kugeln etwa eine Stunde in den Kühlschrank stellen.

3 Zum Überziehen die Stiele leicht in die aufgelöste Glasur tunken und vorsichtig in die Kugeln stecken. Die Glasur fest werden lassen.

4 Die Kugeln überziehen. Wenn die Glasur fest geworden ist, mit aufgelöster weißer Glasur Augen aufspritzen. Anschließend mit aufgelöster Zartbitterkuvertüre Mund und Pupillen aufspritzen.

Honigbär

Meister Petz in süßer Form

Zutaten

BRÖSELMASSE

Grundteig
150 g Doppelkekse

Außerdem
20 g Frischkäse
15 g flüssiger Honig

Form
CakePop Maker

Überzug
Vollmilchkuvertüre
weiße Kuvertüre (Mundbereich)

Deko
braune Schokolinsen (Ohren)
braune Zuckerdekor-Kugeln (Nase/Augen)
Zartbitterkuvertüre (Mund)

1 Kekse mit den Händen fein zerbröseln und in eine Rührschüssel geben. Frischkäse und Honig hinzufügen und alles mit den Rührbesen des Handrührgerätes zu einer feinen, formbaren Bröselmasse verrühren.

2 Mit dem CakePop Maker Kugeln zubereiten. Die Kugeln etwa eine Stunde in den Kühlschrank stellen.

3 Zum Überziehen die Stiele leicht in die aufgelöste Vollmilchkuvertüre tunken und vorsichtig in die Kugeln stecken. Kuvertüre fest werden lassen. Die Kugeln überziehen und sofort zwei Schokolinsen als Ohren in jede Kugel stecken.

4 Wenn die Glasur fest geworden ist, für einen hellen Mundbereich die braune Kugel leicht in aufgelöste weiße Kuvertüre tauchen. Dann sofort eine Zuckerdekorkugel als Nase oben im weißen Rand und darüber die Augen aufsetzen und die Glasur fest werden lassen. Mit aufgelöster Zartbitterkuvertüre den Mund aufspritzen.

Dekotipp

In Mini-Muffinpapiere Löcher machen und diese auf den Stiel stecken.

Marienkäfer

Süßer Krabbler

Zutaten

GEBÄCKKUGELN

Grundteig
Schokokuchen

Form
CakePop Baker

Überzug
rote CakeMelts
Zartbitterkuvertüre

Deko
weiße Kuvertüre oder weiße CakeMelts (Augen/Mund)
Zartbitterkuvertüre (Mittelstrich/Punkte/Pupillen)

1. Kugeln nach dem Grundrezept mit dem CakePop Baker backen.
2. Zum Überziehen die Stiele leicht in die aufgelöste rote Glasur tunken und in die Gebäckkugeln stecken. Glasur fest werden lassen. Anschließend die Kugeln rot überziehen.
3. Nach dem Festwerden der roten Glasur für das Gesicht eine seitliche Fläche in die aufgelöste Zartbitterkuvertüre tauchen.
4. Nach dem Festwerden des Überzugs Augen und Mund aus aufgelöster weißer Kuvertüre oder Glasur aufspritzen. Anschließend mit Zartbitterkuvertüre Mittelstrich, Punkte und Pupillen aufspritzen.

Monster

Lässt die Zähne klappern

Zutaten

GEBÄCKKUGELN

Grundteig
Nusskuchen
oder Schokokuchen

Form
CakePop Baker

Überzug
grüne CakeMelts

Deko
etwa 50 g Marzipan (Haare)
1 geh. TL Puderzucker
1–2 Msp. orangenes Lebensmittelfarbpulver
orangene CakeMelts (Augen/Mund)
weiße CakeMelts (Zähne)
Zartbitterkuvertüre (Pupillen)

1 Kugeln nach dem Grundrezept mit dem CakePop Baker backen.

2 Marzipan gut mit Puderzucker und Farbpulver verkneten. Für die Haare das gefärbte Marzipan portionsweise durch eine Knoblauchpresse drücken und mit einem scharfen Messer abschneiden. In Portionen auf einen Teller legen und evtl. nach Wunsch formen.

3 Zum Überziehen die Stiele leicht in die aufgelöste grüne Glasur tunken und in die Gebäckkugeln stecken. Glasur fest werden lassen. Anschließend die Kugeln überziehen. Nach jedem einzelnen Überzug sofort die Haare auf den Kugeln platzieren.

4 Mit aufgelöster orangener Glasur Augen und Mund spritzen.

5 Dann mit aufgelöster weißer Glasur Zähne spritzen.

6 Zuletzt mit aufgelöster Zartbitterkuvertüre Augen (schielend) spritzen.

Zitronenfalter

Der fruchtige Flatterer

Zutaten

BRÖSELMASSE

Grundteig
Zitronenkuchen

Außerdem
80 g Frischkäse
3 EL Zitronensaft
1 geh. EL Puderzucker

Form
Ausstechform Schmetterling (4 cm)

Überzug
gelbe CakeMelts

Deko
weiße Kuvertüre
oder weiße CakeMelts

1 Kuchen in eine Rührschüssel bröseln. Frischkäse, Zitronensaft und Puderzucker hinzufügen und alles mit den Rührbesen des Handrührgerätes zu einer formbaren Bröselmasse verrühren.

2 Die Masse auf einem mit Backpapier belegten Schneidbrett zu einer 1 ½ cm dicken Platte formen. Die Platte etwa zwei Stunden in den Kühlschrank stellen.

3 Anschließend Schmetterlinge aus der Platte ausstechen und behutsam aus der Form drücken.

4 Zum Überziehen die Stiele leicht in die aufgelöste Glasur tunken und vorsichtig in die Schmetterlinge stecken. Glasur fest werden lassen.

5 Die Schmetterlinge mit der Glasur überziehen und die Glasur fest werden lassen.

6 Für die Deko die Schmetterlinge mit aufgelöster weißer Glasur in feinen, überlappenden Streifen besprenkeln.

Schneemann

Für Schneekinder

Zutaten

BRÖSELMASSE

Grundteig
Vanillekuchen
oder Zitronenkuchen

Außerdem
45 g weiße Kuvertüre
45 g Sahne
90 g Frischkäse

Form
handgeformt

Überzug
weiße CakeMelts

Deko
orangene Zuckerdekor-Kugel (Nase)
blauer Dekozucker
Zartbitterkuvertüre (Mund/Augen/Knöpfe)

1. Weiße Kuvertüre mit Sahne erwärmen und auflösen. Die Mischung gut verrühren.
2. Kuchen in eine Rührschüssel bröseln. Kuvertüremischung und Frischkäse hinzufügen und alles mit den Rührbesen des Handrührgerätes zu einer formbaren Bröselmasse verrühren.
3. Jeweils 20 g von der Masse abwiegen und mit den Händen zu kleinen Kugeln formen. Diese etwa eine Stunde in den Kühlschrank stellen.
4. Zum Überziehen die Stiele leicht in die aufgelöste Glasur tunken und vorsichtig zwei Kugeln aufstecken. Glasur fest werden lassen.
5. Die Kugeln überziehen und sofort die Nase auflegen. Außerdem blauen Dekozucker auf die Unterseite der unteren Kugel streuen. Die Glasur fest werden lassen. Zuletzt mit aufgelöster Kuvertüre Augen, Mund und Knöpfe spritzen.

Dekotipp

Aus dünner schwarzer Pappe Zylinder basteln. Dazu ein kleines Quadrat ausschneiden, es zu einer Rolle formen, festkleben und auf einen kleinen Pappkreis kleben.

Festzeit

Osterhase

Zum Wegmümmeln

Zutaten

BRÖSELMASSE

Grundteig
Nusskuchen

Außerdem
100 g Marzipan-Rohmasse
60 g Sahne

Form
Ausstechform „Hase, liegend"
(4,5 cm)

Überzug
Vollmilch- oder Zartbitter-
kuvertüre

Deko
weiße CakeMelts (Auge)
Vollmilch- oder Zartbitter-
kuvertüre (Pupille)

1. Kuchen in eine Rührschüssel bröseln. Marzipan sehr klein schneiden und mit der Sahne hinzufügen. Alles mit den Rührbesen des Handrührgerätes gut zu einer formbaren Bröselmasse verrühren.
2. Die Masse auf einem mit Backpapier belegten Schneidbrett zu einer 1 ½ cm dicken Platte formen. Die Platte etwa zwei Stunden in den Kühlschrank stellen.
3. Anschließend Hasen aus der Platte ausstechen und vorsichtig aus der Form drücken.
4. Zum Überziehen die Stiele leicht in die aufgelöste Kuvertüre tunken und behutsam in die Herzen stecken. Kuvertüre fest werden lassen.
5. Die Hasen mit Kuvertüre überziehen und fest werden lassen.
6. Nach dem Festwerden des Überzugs Augen aus aufgelöster weißer Glasur aufspritzen. Anschließend mit Kuvertüre Pupillen aufspritzen.

Beschwipstes Osterei

Mit Alkohol

Zutaten

BRÖSELMASSE

Grundteig
Vanillekuchen

Außerdem
130 g Eierlikör

Form
handgeformt

Überzug
rote, orangene und gelbe CakeMelts

Deko
rote, orangene und gelbe CakeMelts
Zuckerblumen

1. Kuchen in eine Rührschüssel bröseln. Eierlikör hinzufügen und alles mit den Rührbesen des Handrührgerätes zu einer formbaren Bröselmasse verrühren.
2. Jeweils 30 g von der Masse abwiegen und mit den Händen zu kleinen Kugeln, dann zu Eiern formen. Diese etwa eine Stunde in den Kühlschrank stellen.
3. Zum Überziehen die Stiele leicht in die aufgelöste Glasur tunken und vorsichtig in die Eier stecken. Glasur fest werden lassen.
4. Einige Eier rot, andere orange oder gelb überziehen und die Glasur fest werden lassen. Anschließend die Eier leicht schräg in eine andersfarbige Glasur eintauchen und die Glasur fest werden lassen.
5. Zum Verzieren die Eier mit Glasur nach Wunsch mit Zickzacklinien, Punkten, Kreisen usw. verzieren und Zuckerblumen auflegen.

Halloween-Kürbis

Unheimlich lecker

Zutaten

BRÖSELMASSE

Grundteig
Zitronenkuchen, gebacken mit Orangenschale statt Zitronenschale

Außerdem
90–100 g passierte Aprikosen-konfitüre oder Kürbis-Orangen-Konfitüre

Form
CakePop Maker

Überzug
orangene CakeMelts

Deko
Zartbitterkuvertüre (Augendreiecke, Nasen-dreieck, Mund, Stielansatz)
grüne Zuckerdekor-Kugel

1 Kuchen in eine Rührschüssel bröseln. Konfitüre hinzufügen und alles mit den Rührbesen des Handrührgerätes zu einer formbaren Bröselmasse verrühren.

2 Mit dem CakePop Maker Kugeln zubereiten. Die Kugeln etwa eine Stunde in den Kühlschrank stellen.

3 Zum Überziehen die Stiele leicht in die aufgelöste Glasur tunken und vorsichtig in die Kugeln stecken. Die Glasur fest werden lassen.

4 Die Kugeln überziehen. Wenn die Glasur fest geworden ist, mit aufgelöster Kuvertüre Augendreiecke, Nasendreieck, Mund und Stielansatz aufspritzen. Auf den Stielansatz sofort eine grüne Zuckerdekor-Kugel drücken.

Grusel-Spinne

Schaurig schön

Zutaten

BRÖSELMASSE

Grundteig
Schokokuchen

Außerdem
90–100 g passierte Erdbeerkonfitüre

Form
CakePop Maker

Überzug
Zartbitterkuvertüre

Deko
Lakritzschnecken (Beine)
grüne CakeMelts (Augen/Mund/Kreuz)
rote Zuckerdekor-Kugeln

1. Lakritzschnecken abrollen und für jede Spinne vier Stücke (je 3–4 cm) abschneiden. Die Stücke etwas auseinander ziehen, sodass die Enden noch etwas zusammenhalten.
2. Kuchen in eine Rührschüssel bröseln. Konfitüre hinzufügen und alles mit den Rührbesen des Handrührgerätes zu einer formbaren Bröselmasse verrühren. Mit dem CakePop Maker Kugeln zubereiten. Die Kugeln etwa eine Stunde in den Kühlschrank stellen.
3. Zum Überziehen die Stiele leicht in die aufgelöste Kuvertüre tunken und vorsichtig in die Kugeln stecken. Die Kuvertüre fest werden lassen.
4. Die Kugeln überziehen und sofort mit einem Holzstäbchen oder einem Lolli-Stiel auf jeder Seite zwei Löcher bohren. Die Seite der Lakritzstücke, die noch zusammenhält, in die Löcher stecken und den Überzug fest werden lassen. Dann die Lakritz-„Beine“ etwas auseinander ziehen.
5. Mit aufgelöster grüner Glasur Augen und Kreuz aufspritzen. Dann sofort Zuckerdekor-Kugeln als Pupillen aufsetzen.

Tipp

Besonders witzig – die Spinnen nach dem Überziehen mit dem Stiel nach oben auf Backpapier stellen und dekorieren. Dann sehen sie aus, als würden sie vom Faden herabhängen.

Lebkuchen-stern

Schmeckt nach Weihnachten

Zutaten

BRÖSELMASSE

Grundteig
250 g weicher Lebkuchen mit Zartbitterkuvertüre-Überzug (Schoko-Lebkuchen)

Außerdem
25 g flüssiger Honig
25 g weiche Butter

Form
Sternausstechform (4 cm)

Überzug
Vollmilch- oder Zartbitter-kuvertüre
lila CakeMelts

Deko
weiße Kuvertüre
oder weiße CakeMelts
kleine goldene Zuckerperlen und Sterne

1 Lebkuchen in eine Rührschüssel bröseln. Honig und Butter hinzufügen. Alles mit den Rührbesen des Handrührgerätes gut zu einer formbaren Bröselmasse verrühren.

2 Die Masse auf einem mit Backpapier belegten Schneidbrett zu einer 1 ½ cm dicken Platte formen. Platte etwa zwei Stunden in den Kühlschrank stellen.

3 Anschließend Sterne aus der Platte ausstechen und vorsichtig aus der Form drücken.

4 Zum Überziehen die Stiele leicht in die aufgelöste Kuvertüre oder Glasur tunken und behutsam in die Sterne stecken. Kuvertüre oder Glasur fest werden lassen.

5 Einige Sterne mit Vollmilch- oder Zartbitterkuvertüre, andere mit lila Glasur überziehen und fest werden lassen.

6 Nach dem Festwerden die Sterne auf ein Stück Backpapier legen. Mit aufgelöster weißer Kuvertüre oder Glasur die Sterne mit feinen Streifen besprenkeln und sofort mit Zuckerperlen und Sternen bestreuen.

Dekotipp
Am Stiel unterhalb der Sterne Kräuselband befestigen.

Weihnachtsbaum

Besinnlich lecker

Zutaten

BRÖSELMASSE

Grundteig
Nusskuchen

Außerdem
140 g Mascarpone
2 geh. TL gemahlener Zimt

Form
Ausstechform
Weihnachtsbaum (5,5 cm)

Überzug
grüne CakeMelts

Deko
Zartbitterkuvertüre
rote CakeMelts
große Zuckerperlen (perlmutt/gold) als Baumkugeln
kleine Zuckerperlen (perlmutt/gold)

1 Kuchen in eine Rührschüssel bröseln. Mascarpone und Zimt hinzufügen. Alles mit den Rührbesen des Handrührgerätes gut zu einer formbaren Bröselmasse verrühren.

2 Die Masse auf einem mit Backpapier belegten Schneidbrett zu einer 1 ½ cm dicken Platte formen. Platte etwa zwei Stunden in den Kühlschrank stellen.

3 Anschließend Weihnachtsbäume aus der Platte ausstechen und vorsichtig aus der Form drücken.

4 Zum Überziehen die Stiele leicht in die aufgelöste Glasur tunken und behutsam in die Weihnachtsbäume stecken. Glasur fest werden lassen.

5 Weihnachtsbäume mit Glasur überziehen und sofort große Zuckerperlen auf die Baumspitzen und die Seitenäste legen. Die Glasur fest werden lassen.

6 Nach dem Festwerden der Glasur die Bäume auf ein Stück Backpapier legen. Einfache Girlanden mit aufgelöster Zartbitterkuvertüre und roter Glasur auf die Weihnachtsbäume spitzen und diese sofort mit kleinen Zuckerperlen bestreuen.

Advents-zauber

Zum Verschenken

Zutaten

GEBÄCKKUGELN

Grundteig
Nusskuchen

Außerdem für den Teig
Als Nuss: Mandeln verwenden
anstelle von Mehl: Marzipan
1 geh. TL gemahlener Zimt

Form
CakePop Baker

Überzug
Zartbitterkuvertüre

Deko
weiße Kuvertüre
oder weiße CakeMelts
kleine Zuckerperlen
(perlmutt/gold)
große Zuckerperlen
(perlmutt/gold)

1. Kugeln nach dem Grundrezept und mit den oben angegebenen Änderungen mit dem CakePop Baker backen.
2. Zum Überziehen die Stiele leicht in die aufgelöste Kuvertüre tunken und in die Gebäckkugeln stecken. Kuvertüre fest werden lassen. Anschließend die Kugeln überziehen.
3. Nach dem Festwerden des Überzugs mit aufgelöster weißer Kuvertüre oder Glasur eine Spirale um die Kugeln spritzen. Die Spirale sofort mit kleinen und großen Zuckerperlen verzieren.

Tipp

Zum Verschenken die CakePops vorsichtig in kleine Zellglasbeutel stecken und diese mit Stoffschleifen zubinden. Evtl. kleine Kugeln oder getrocknete Blüten mit anbinden.

Glücks-schweinchen

Neujahr kann kommen

Zutaten

BRÖSELMASSE

Grundteig
½ Vanillekuchen

Außerdem
50 g weiße Kuvertüre
25 g Sahne
25 g passierte Kirschkonfitüre

Form
Silikon-Pralinenform Schweinchen

Überzug
rote und weiße CakeMelts (rosa)

Deko
Zuckerdekor-Kleeblätter
Zartbitterkuvertüre (Auge)

1 Weiße Kuvertüre mit Sahne erwärmen und auflösen. Die Mischung gut verrühren.

2 Kuchen in eine Rührschüssel bröseln. Kuvertüremischung und Konfitüre hinzufügen und alles mit den Rührbesen des Handrührgerätes zu einer sehr weichen Bröselmasse verrühren.

3 Die Masse in die Pralinenform füllen und festdrücken. Die Form etwa zwei Stunden in den Kühlschrank stellen. Anschließend die Schweinchen vorsichtig herausdrücken.

4 Zum Überziehen die Stiele leicht in die aufgelöste Glasur tunken und behutsam in die Schweinchen stecken. Glasur fest werden lassen.

5 Schweinchen überziehen und sofort mit je einem Kleeblatt verzieren. Glasur fest werden lassen.

6 Anschließend mit aufgelöster Zartbitterkuvertüre Auge, Nase und Ohr aufspritzen.

Partyzeit

Brownie-Ball

Schön schokoladig

Zutaten

GEBÄCKKUGELN

Grundteig
Schokokuchen

Außerdem für den Teig
anstelle von Mehl:
40 g gemahlene und
20 g gehackte Haselnusskerne
anstelle von Zucker:
brauner Zucker
1 geh. EL Mehl

Form
CakePop Baker

Überzug
dunkle Vollmilchkuvertüre
(mind. 40 % Kakaomasse)
(oder Vollmilch- und Zartbitterkuvertüre, gemischt)

Deko
Kakaopulver

1. Kugeln nach dem Grundrezept und mit den oben angegebenen Änderungen mit dem CakePop Baker backen.
2. Zum Überziehen die Stiele in die aufgelöste Kuvertüre tunken und in die Gebäckkugeln stecken. Kuvertüre fest werden lassen.
3. Anschließend die Kugeln überziehen.
4. Kurz vor dem Festwerden die Kugeln mit Kakaopulver bestäuben.

Tipp

Die Brownies mit geschlagener Sahne servieren – lecker!

Himbeer-Vanille-Happen

Echt edelbeerig

Zutaten

BRÖSELMASSE

Grundteig
Vanillekuchen

Außerdem
90–100 g passierte Himbeerkonfitüre

Form
CakePop Maker

Überzug
weiße Kuvertüre

Deko
Vollmilch- oder Zartbitterkuvertüre
kleine rosa Zuckerperlen

1 Kuchen in eine Rührschüssel bröseln. Konfitüre hinzufügen und alles mit den Rührbesen des Handrührgerätes zu einer formbaren Bröselmasse verrühren.

2 Mit dem CakePop Maker Kugeln zubereiten. Die Kugeln etwa eine Stunde in den Kühlschrank stellen.

3 Zum Überziehen die Stiele leicht in die aufgelöste weiße Kuvertüre tunken und vorsichtig in die Kugeln stecken. Die Kuvertüre fest werden lassen.

4 Die Kugeln überziehen. Wenn die Kuvertüre fest geworden ist, mit aufgelöster Vollmilch- oder Zartbitterkuvertüre überlappende Spiralen auf die Kugeln spritzen und diese sofort mit rosa Zuckerperlen bestreuen.

Dekotipp

Schneller geht es, wenn die CakePops einfach mit der Kuvertüre besprenkelt und anschließend mit Zuckerperlen bestreut werden.

Schoko-trüffel-Kugel

Mit Alkohol

Zutaten

BRÖSELMASSE

Grundteig
Schokokuchen

Außerdem
40 g Zartbitterkuvertüre
40 g Schlagsahne
6–7 EL (5 cl) Rum
oder Orangenlikör

Form
CakePop Maker

Überzug
Zartbitterkuvertüre

1. Kuvertüre mit Sahne erwärmen und auflösen. Die Mischung gut verrühren.
2. Kuchen in eine Rührschüssel bröseln. Kuvertüremischung und Rum oder Likör hinzufügen und alles mit den Rührbesen des Handrührgerätes zu einer formbaren Bröselmasse verrühren.
3. Mit dem CakePop Maker Kugeln zubereiten. Die Kugeln etwa eine Stunde in den Kühlschrank stellen.
4. Zum Überziehen die Stiele leicht in die aufgelöste Kuvertüre tunken und vorsichtig in die Kugeln stecken. Die Kuvertüre fest werden lassen.
5. Die Kugeln überziehen. Kurz bevor die Kuvertüre fest wird, mit der Fläche einer Gabel leicht und schnell rundherum auf die Kuvertüre „klopfen". Dabei bilden sich die kleinen Zipfel.

Dekotipp

Unterhalb der Kugeln kleine Stoffschleifen an die Stiele binden.

Limetten-Lolli

Sauer macht lustig

Zutaten

GEBÄCKKUGELN

Grundteig
Zitronenkuchen

Außerdem
anstelle von Zitronenschale:
1 ½ Limettenschalen

Form
CakePop Baker

Überzug
grüne CakeMelts

Deko
Limettenschale von ½ Limette
weiße CakeMelts

1 Kugeln nach dem Grundrezept und mit den oben angegebenen Änderungen mit dem CakePop Baker backen.
2 Für die Deko Limettenschale auf der feinen Seite der Haushaltsreibe abreiben.
3 Zum Überziehen die Stiele leicht in die aufgelöste Glasur tunken und in die Gebäckkugeln stecken. Glasur fest werden lassen.
4 Anschließend die Kugeln überziehen.
5 Nach dem Festwerden der Glasur die Oberfläche mit Streifen aus aufgelöster weißer Glasur besprenkeln und mit Limettenschale bestreuen.

Tipp

Für die Zitronen- oder Orangen-Lollis die Gebäckkugeln mit Zitronen- bzw. Orangenschale backen und mit gelben bzw. orangenen CakeMelts überziehen. Die Pops mit Zitronen- bzw. Orangenschalen verzieren.

Schoko-Mandel-Mini

Ein köstliches Traumpaar

Zutaten

GEBÄCKKUGELN

Grundteig
Schokokuchen

Außerdem für den Teig
anstelle von Mehl: abgezogene, gemahlene Mandeln

Form
CakePop Baker

Überzug
Vollmilchkuvertüre

Deko
geröstete, gehackte oder gehobelte Mandeln

1. Kugeln nach dem Grundrezept und mit den oben angegebenen Änderungen mit dem CakePop Baker backen.
2. Zum Überziehen die Stiele in die aufgelöste Kuvertüre tunken und in die Gebäckkugeln stecken. Kuvertüre fest werden lassen.
3. Anschließend die Kugeln überziehen und sofort mit ein paar gehackten Mandeln oder leicht zerdrückten Mandelblättchen bestreuen. Kuvertüre fest werden lassen.

Dekotipp

Besonders edel – die fertigen CakePops mit aufgelöster weißer oder Zartbitterkuvertüre fein besprenkeln.

Kokos-Kuss

Mit Alkohol

Zutaten

BRÖSELMASSE

Grundteig
Vanillekuchen

Außerdem
15 g Kokosraspel
90 g Kokoslikör
30–40 g weiche Butter

Form
CakePop Maker

Überzug
weiße Kuvertüre
oder weiße CakeMelts

Deko
2 geh. EL Kokosraspel
1 Msp. rotes Lebensmittelfarbpulver
Mini-Muffinpapiere

1. Für die Deko einen gehäuften Esslöffel Kokosraspel mit einer Messerspitze Farbpulver in ein verschließbares kleines Gefäß geben und gut schütteln. Diese rosa Kokosraspel sowie weiße Kokosraspel bereitstellen.
2. Kuchen in eine Rührschüssel bröseln. Kokosraspel, Likör und Butter hinzufügen und alles mit den Rührbesen des Handrührgerätes zu einer formbaren Bröselmasse verrühren.
3. Mit dem CakePop Maker Kugeln zubereiten. Die Kugeln etwa eine Stunde in den Kühlschrank stellen.
4. Zum Überziehen die Stiele leicht in die aufgelöste Kuvertüre oder Glasur tunken und vorsichtig in die Kugeln stecken. Die Kuvertüre oder Glasur fest werden lassen.
5. Die Kugeln überziehen, sofort mit weißen und rosa Kokosraspeln bestreuen und auf dem Kopf auf Backpapier stellen. Die Kuvertüre oder Glasur fest werden lassen.
6. Anschließend die Cake Pops in Mini-Muffinpapiere stellen.

Tiramisu-Bissen

Mit Alkohol

Zutaten

BRÖSELMASSE

Grundteig
100 g Löffelbiskuits

Außerdem
50 g Mascarpone
25 g Amaretto-Likör
5 g Kakaopulver

Form
CakePop Maker

Überzug
weiße Kuvertüre
oder weiße CakeMelts

Deko
Kakaopulver

1 Löffelbiskuits in einen Gefrierbeutel geben und verschließen. Die Löffelbiskuits mit einer Teigrolle fein zerbröseln und in eine Rührschüssel geben. Mascarpone, Likör und Kakaopulver hinzufügen und alles mit den Rührbesen des Handrührgerätes zu einer formbaren Bröselmasse verrühren.

2 Mit dem CakePop Maker Kugeln zubereiten. Die Kugeln etwa eine Stunde in den Kühlschrank stellen.

3 Zum Überziehen die Stiele leicht in die aufgelöste Kuvertüre oder Glasur tunken und vorsichtig in die Kugeln stecken. Die Kuvertüre oder Glasur fest werden lassen.

4 Die Kugeln überziehen. Kurz vor dem Festwerden etwas Kakaopulver auf die Oberseite stäuben. Den Überzug fest werden lassen.

Impressum

Herausgeber	RBV Birkmann GmbH & Co. KG 33790 Halle/Westfalen
E-Mail	info@birkmann.de
URL	www.birkmann.de
Rezeptentwicklung und Redaktion	Sabine Lüning
Fotos	Ulli Hartmann Janine Kromminga
Foodstyling	Claudia Potgeter
Grafisches Konzept	Janine Kromminga
Satz	Martina Kellner, mk mediakonzept

ISBN 978-3-9816939-0-4

© 2013

Verlag RBV Birkmann GmbH & Co. KG
in Halle/Westfalen.

Alle Rechte vorbehalten. Dieses Buch oder Teile dieses Buches dürfen nicht vervielfältigt, in Datenbanken gespeichert oder in irgendeiner Form übertragen werden ohne die schriftliche Genehmigung des Verlages.

Bei Fragen zu Zutaten, Zubereitung und Produkten stehen wir Ihnen gern unter info@birkmann.de zur Verfügung.

Ebenfalls erhältlich sind folgende Bücher:

Jeder kann Brot backen!

Jeder kann CupCakes backen!

Jeder kann Macarons backen!